Spaghetti

Nudelglück im Handumdrehen

> Autorin: Cornelia Schinharl | Fotos: Kai Mewes

Inhalt

Die Theorie

Die Rezepte

Extra

➤ **GU Serviceseiten**

Langes Glück für alle

Ob sie nun die Italiener erfunden haben oder die Asiaten, ist doch eigentlich gar nicht so wichtig. Uns interessiert viel mehr, dass Spaghetti einfach fantastisch schmecken und sich auf tausend und eine Art verwandeln, verfeinern und servieren lassen. Probieren Sie die feinen Teigwaren mit Gemüse, mit cremigen Saucen, mit Fisch und Meeresfrüchten, mit Geflügel und Fleisch oder auch einmal mit einer kalten Sauce kombiniert. Zu den Rezepten erfahren Sie alles Wissenswerte rund um die beliebte Nudel.

Worauf es ankommt

1 | Beeindruckend gut

Schon Goethe hat sich auf seiner Italienreise in Neapel vom großen Appetit der Einwohner auf Teigwaren überzeugen können. Damals wurden die langen Nudeln noch Maccheroni genannt, nach dem Kochen schlicht mit Parmesan gemischt und mit den Fingern gegessen. Seitdem hat sich viel getan. In Bologna wurde der berühmte Hackfleischsugo erfunden, in Neapel die Tomatensauce zur Vollendung gebracht und auch überall sonst in Italien hat die beliebte Teigware viele Köche immer wieder zu neuen Kreationen verführt.

1 *Auch fein: Spaghettini, dünne Bandnudeln oder Maccheroncini.*

2 | Vielfalt aus der Packung

Spaghetti werden immer aus gemahlenem Hartweizengrieß, Wasser und Salz zubereitet. Eier kommen in der Regel nicht in den Teig. Und obwohl die Zutaten so einfach sind, gibt es beim Produkt selbst enorm große Unterschiede. Das hängt vor allem von der Weizenqualität ab. Und diese wiederum ist eng verbunden sowohl mit der Auswahl und Pflege der Pflanze wie auch später mit der Lagerung und Verarbeitung der Getreidekörner.
Es lohnt sich in jedem Fall, verschiedene Produzenten auszuprobieren, durchaus auch einmal kleinere, deren Pasta zwar etwas teurer, dafür aber oft von hervorragender Qualität ist. Ebenfalls im Angebot sind farbige Spaghetti – mal grün, mal rot, orange oder sogar schwarz –, die mit Tomatenkonzentrat, Safran, Steinpilzen, Spinatsaft oder Tintenfischtinte gefärbt werden und ein mehr oder weniger starkes Aroma bekommen. Probieren Sie es aus!

2 *In einem gut verschließbaren hohen Glas offene Spaghetti aufbewahren.*

3 | Perfekt gelagert

Ist die Sauce nicht sehr gehaltvoll, wird man eine 500-g-Packung Nudeln zu viert wahrscheinlich in einer Mahlzeit aufessen. Kocht man aber nur für zwei oder ist die Sauce mächtig, bleibt oft ein Rest in der Tüte. Einmal geöffnet sollte man Nudeln immer kühl und vor allem trocken lagern. Und: Auch Nudeln haben ein Mindesthaltbarkeitsdatum. Sind sie zu alt, schmecken sie leicht muffig. Achten Sie also schon beim Einkauf aufs Datum.

➤ **Wichtig:** Die Rezepte sind alle für 4 Personen berechnet, dennoch schwankt die Spaghettimenge. Bei gehaltvollen Saucen reichen 400 g Teigwaren, bei leichten kann man gut 500 g davon essen.

Spaghetti perfekt zubereiten

Wasser und Salz

➤ Nudeln müssen schwimmen, sie brauchen also reichlich Wasser beim Kochen. Als Faustregel gilt: pro 100 g Nudeln 1 l Wasser. Immer einen großen Topf nehmen!

Das Wasser zum Kochen bringen, dann kommt das Salz dazu: 1 gehäufter TL Salz pro Liter Wasser müsste reichen. Wer genau sein will, probiert etwas vom Kochwasser. Es soll leicht salzig schmecken. Öl im Wasser ist übrigens unnötig.

Nudeln kochen

➤ Die Spaghetti ins kochende Wasser geben. Damit alle Nudeln gleich garen, aus dem Salzwasser herausschauende Nudeln mit dem Kochlöffel nach und nach unter Wasser drücken.

Während die Nudeln kochen, immer mal wieder mit dem Kochlöffel durchrühren, damit keine Nudeln am Topfboden anhängen oder einzelne Nudeln zusammenkleben und dadurch ungleichmäßig garen.

Die Kochzeit

➤ Auf vielen Packungen ist eine Garzeit für die Nudeln angegeben. Jetzt können Sie sich den Küchenwecker stellen und auf diese Angabe verlassen. Besser: Schon 1–2 Min. vorher eine Nudel aus dem Wasser fischen und reinbeißen. In der Mitte soll noch ein kleiner(!) weißer Kern zu sehen sein. Achtung: Vor allem Nudeln von unbekannteren Herstellern, die traditionell arbeiten, ziehen nach dem Abgießen sogar noch etwas nach.

Nach dem Kochen

➤ Sind die Nudeln fertig, also bissfest oder al dente gekocht, schüttet man sie mit dem Wasser in ein Nudelsieb und lässt das Kochwasser gut ablaufen. Jetzt werden die Nudeln in einer vorgewärmten Schüssel entweder gleich mit der Nudelsauce gemischt oder aber mit etwas Olivenöl oder Butter verrührt, damit sie locker bleiben und nicht zusammenkleben.

Das richtige Timing

➤ Die meisten Nudelsaucen sind innerhalb der Garzeit der Nudeln gekocht. Am besten bereiten Sie die Zutaten für die Sauce vor und bringen gleichzeitig das Wasser für die Nudeln zum Sieden. Wenn die Nudeln im Wasser sind, mit dem Kochen der Sauce beginnen. Das gilt für alle Rezepte, deren Zubereitungszeit unter 25 Min. liegt.

Die Mengen

➤ Eine alte Regel heißt: als Vorspeise 60–80 g und als Hauptgericht 100 g Nudeln pro Person zu garen.
Die Menge hängt aber vor allem von der Art der Sauce (leicht oder mächtig) und auch vom Hunger der Gäste ab. Wenn Sie sich nicht sicher sind, machen Sie lieber die ganze Packung (500 g) für 4 Personen.
Wie man Reste verwertet, erfahren Sie auf Seite 9.

Tomatensugo

Einer für alle

Im Hochsommer aus frisch geernteten, sonnengereiften Tomaten zubereitet, ist dieser Sugo einer der besten Begleiter für Spaghetti. Je nachdem, welche Kräuter man untermischt, ob man ihn pikant oder mild würzt, anderes Gemüse oder auch mal Speck oder Fleisch mitgart, verwandelt man den Klassiker immer wieder in eine andere Variante. Ganz wichtig: intensiv aromatische Tomaten kaufen!

FÜR 4 PERSONEN

- **1 kleine Möhre**
- **1 Zwiebel**
- **1 Knoblauchzehe**
- **1 Stange Sellerie**
- **ein paar Stängel Basilikum**
- **800 g Tomaten**
- **2 EL Olivenöl**
- **Salz**
- **Pfeffer, frisch gemahlen**
- **1 Prise Zucker (bei Bedarf)**

TIPP

Einfrieren

Wer im Sommer mal so richtig gute Tomaten für einen Sugo findet, kann gleich mehr besorgen und einfrieren. Entweder die Tomaten häuten, würfeln und in Gefrierdosen verteilen, oder den Sugo in größerer Menge zubereiten und abfüllen. Beides tiefkühlen.

1 *Möhre, Zwiebel und Knoblauch schälen, Sellerie waschen und putzen, alles fein würfeln. Basilikum fein hacken.*

2 *Die Stielansätze aus den Tomaten herausschneiden. Tomaten kurz überbrühen, abschrecken, häuten und in kleine Würfel schneiden.*

3 *Öl im Topf erhitzen, Gemüse-Zwiebel-Mischung darin goldgelb andünsten. Die Tomaten dazugeben, mit Basilikum, Salz und Pfeffer würzen.*

4 *Den Sugo offen bei schwacher Hitze in etwa 30 Min. sämig einkochen lassen. Ab und zu umrühren. Falls die Tomaten säuerlich sind, mit Zucker abschmecken.*

Tomatensugo-Varianten

Arrabbiata

Möhre, Sellerie und Basilikum weglassen. Mit der Zwiebel und dem Knoblauch 2–3 getrocknete, im Mörser fein zerstoßene Chilischoten in dem Öl andünsten. Oder aber 2 frische rote Chilischoten waschen, putzen und mit den Kernen (oder ohne, wenn man die Sauce milder haben möchte) fein hacken und mit andünsten. Gewürfelte Tomaten zugeben und den Sugo wie beschrieben garen und würzen. Vor dem Servieren 1/2 Bund Petersilie waschen, trockenschütteln, fein hacken und untermischen.

Amatriciana

Möhre, Sellerie und Basilikum weglassen. 100 g Pancetta in feine Streifen schneiden oder durchwachsenen Räucherspeck klein würfeln. Mit Zwiebel und dem Knoblauch (nach Belieben) in dem Olivenöl andünsten. 1 getrocknete Chilischoten zerkrümeln und mit nur 500 g gewürfelten Tomaten und 50 ml Weißwein zugeben. Wie beschrieben garen und würzen. Wenig Petersilie oder Basilikum fein hacken und mit den Nudeln unter den Sugo rühren.

Puttanesca

Sugo wie beschrieben zubereiten. 6 in Öl eingelegte Sardellenfilets abtropfen lassen und fein schneiden. 100 g schwarze Oliven entsteinen und in Streifen schneiden. Diese beiden Zutaten mit 1 getrockneten, fein zerkrümelten Chilischoten und 50 g kleinen Kapern unter die Tomatensauce mischen, Zusätzlich 2 Knoblauchzehen schälen und dazupressen. Die Sauce eventuell noch mit etwas Zucker abschmecken. Vor dem Servieren wenig gehackte Petersilie untermischen.

Aurora

Sugo wie beschrieben zubereiten und dann mit dem Pürierstab fein durchmixen oder die Sauce in der Küchenmaschine zerkleinern. Mit 150 g sehr frischer Sahne oder mit Crème fraîche verrühren und nochmals erhitzen. Mit noch etwas Salz, Pfeffer und Zucker abschmecken. Zusätzlich 1/2 Bund Basilikum in sehr feine Streifen schneiden und untermischen. Oder 2 Frühlingszwiebeln waschen, putzen, mit dem zarten Grün in feine Ringe schneiden und unter die Sauce rühren.

Nudelbegleiter

Parmesan und Pecorino

Vor allem Parmesan kann man schon gerieben kaufen, sollte ihn aber trotzdem immer frisch reiben. Abgepackter geriebener Käse schmeckt lange nicht so gut. Statt Parmesan eignet sich auch der etwas jüngere Grana Padano. Und beim Pecorino sollten Sie zu einem mittelalten oder gereiften greifen, der junge ist noch zu weich und lässt sich nicht so gut reiben.

Schmeckt zu: Gemüse- und zu vielen Fleischsaucen, zu Fisch dagegen nicht. Und: stellen Sie ihn immer getrennt auf den Tisch und streuen Sie ihn nicht gleich auf die Nudeln.

Gremolata

Es muss nicht immer Käse sein. Eine frische Note auf die Pasta bringt eine Gremolata. Dafür 2 Knoblauchzehen schälen, die Schale von 1 unbehandelten Zitrone dünn abschneiden und 1 großes Bund Petersilie waschen, trockenschütteln und die Blättchen abzupfen. Alles zusammen sehr fein hacken und in einem Schälchen auf den Tisch stellen.

Schmeckt zu: Spaghetti mit Fisch und mit sahnigen Saucen, aber auch zu Geflügel- oder Gemüsesaucen mit nur ein oder zwei Gemüsesorten.

Scharfes Olivenöl

In Italien wird vor dem Essen oft noch etwas frisches Olivenöl über die Pasta gegossen. In manchen italienischen Restaurants steht auch scharfes Öl zum Nachwürzen mit auf dem Tisch. Dafür 2 rote Chilischoten waschen und den Stielansatz abschneiden. Schoten der Länge nach halbieren und gut trockentupfen. In eine Flasche geben und mit 1/2 l Olivenöl aufgießen. Verschlossen mindestens 2 Wochen ziehen lassen.

Schmeckt zu: Spaghetti mit Gemüse, Fisch, Geflügel und Fleisch – am besten ohne Sahne zubereitet –, und ist perfekt als Würze für saftige Nudelsalate.

Chilinüsse

100 g Mandeln mit Wasser zum Kochen bringen und 5 Min. kochen lassen. In einem Sieb kalt abschrecken und die Mandeln aus den Häuten drücken. Trockentupfen und mittelfein hacken. 1 getrockneten Peperoncino fein zerkrümeln. In einer kleineren Pfanne 2 EL Olivenöl erhitzen. Darin Mandeln mit Peperoncino bei mittlerer Hitze etwa 2 Min. braten, bis sie goldbraun sind. Mit Salz und etwas abgeriebener Zitronenschale würzen und in ein Schälchen füllen.

Schmeckt zu: Gemüsesaucen, aber auch zu gebratenen Fleisch- oder Geflügelstreifen.

Wenn Nudeln übrig bleiben...

Spaghettiauflauf

Für 4 Personen

1 Packung TK-Spinat (300 g), 2 Knoblauchzehen, 1 Bund Frühlingszwiebeln, 2 Tomaten, 200 g gegarte Spaghetti, 4 Eier (Größe M), 250 g Sahne, 100 g frisch geriebener Hartkäse, Salz, Pfeffer

Spinat auftauen lassen. Knoblauch schälen, Zwiebeln waschen und putzen, beides fein hacken. Die Tomaten waschen und würfeln. Mit den Spaghetti unter den Spinat mischen.

Eier mit Sahne und Käse verrühren, unterheben, salzen, pfeffern. In einer Auflaufform bei 200° (Mitte, Umluft 180°) etwa 35 Min. backen.

Spaghettiomelett

Für 4 Personen

1 Zwiebel, 1 rote Paprikaschote, 1/2 Bund Petersilie, 6 Eier (Größe M), 100 g frisch geriebener Parmesan, 200 g gegarte Spaghetti, Salz, Pfeffer, 2 EL Olivenöl

Die Zwiebel schälen, die Paprika waschen und putzen, beides fein würfeln. Die Petersilie waschen und trockenschütteln, hacken.

Eier mit Käse verrühren, Zwiebel, Paprika, Petersilie und Spaghetti zugeben, salzen und pfeffern. In einer Pfanne im Öl bei schwacher Hitze 10 Min. braten. Wenden, nochmals 5 Min. braten.

Spaghettipizza

Für 2–4 Personen

250 g gegarte Spaghetti, 2 Eier (Größe M), 50 g Semmelbrösel, Salz, Pfeffer, 4 Tomaten, 1 Kugel Mozzarella (125 g), 150 g Salamischeiben, eingelegte Peperoni und Oliven nach Belieben

Spaghetti mit Eiern und Semmelbröseln mischen, salzen, pfeffern und in eine flache runde Auflaufform geben.

Tomaten waschen und wie den Mozzarella in Scheiben schneiden. Beides mit der Salami auf die Nudeln legen. Mit Peperoni und Oliven garnieren und bei 220° (Mitte, Umluft 200°) etwa 15 Min. backen.

Gebratene Spaghetti

Für 4 Personen

200 g gekochter Schinken, 2 Zwiebeln, 2 Knoblauchzehen, 1 Bund Petersilie, 1 EL Öl, 1 EL Butter, 300 g gegarte Spaghetti, 2 Tomaten

Schinken in Streifen schneiden. Zwiebeln und Knoblauch schälen, Zwiebeln in Streifen schneiden. Die Petersilie waschen, trockenschütteln und mit dem Knoblauch hacken.

Öl mit Butter erhitzen, Zwiebeln mit Knoblauch und Petersilie darin bei mittlerer Hitze anbraten. Schinken mit Nudeln untermischen, knusprig braten. Die Tomaten waschen, klein würfeln und aufstreuen.

Mit kalten Saucen

Ob als Salat serviert oder frisch gekocht mit einem kühlen Pesto vermischt – Spaghetti in kalter Kombination schmecken nicht nur an heißen Tagen besonders gut. Die würzigen Saucen lassen sich zudem wunderbar vorbereiten und können zum Teil im Kühlschrank sogar mehrere Tage auf die Nudeln warten. Fast Food für Feinschmecker, die auch an ein schnelles Essen höchste Ansprüche stellen.

Blitzrezepte

Spaghetti mit Zucchinipesto

FÜR 4 PERSONEN

➤ **150 g junge Zucchini | 1 Knoblauchzehe 1/2 Bund Petersilie | 50 g Pinienkerne 50 ml Olivenöl | 2 EL Pecorino, frisch gerieben | Salz | 500 g Spaghetti**

1 | Zucchini waschen und würfeln. Knoblauch schälen und grob hacken. Petersilie waschen, trockenschütteln und die Blättchen abzupfen. Alles mit Pinienkernen und Öl fein pürieren. Käse untermischen, mit Salz abschmecken.

2 | Die Spaghetti in Salzwasser al dente kochen. Pesto mit 2 EL Nudelkochwasser verrühren. Nudeln abgießen, sofort mit dem Pesto mischen.

Spaghetti-Tomaten-Salat

FÜR 4 PERSONEN

➤ **300 g Spaghetti | Salz | 400 g Tomaten | 1 rote Zwiebel | 2 Knoblauchzehen | 1 EL Kapern | 1/2 Bund Rucola | 1 EL Aceto balsamico | 3 EL Olivenöl | 50 g Parmesan**

1 | Die Spaghetti in Salzwasser al dente kochen. Abschrecken, abtropfen lassen.

2 | Inzwischen Tomaten waschen und würfeln. Zwiebel und Knoblauch schälen und mit den Kapern hacken. Den Rucola waschen, trockenschleudern und grob hacken. Balsamico, Salz und Öl verrühren. Nudeln, Tomaten, Zwiebelmischung und Rucola untermengen. Parmesan in feinen Spänen darüber hobeln.

schnell | vegetarisch

Salat mit Mozzarella

FÜR 4 PERSONEN

- **250 g Spaghetti**
  Salz
  60 g Rucola
  2 Stangen Sellerie
  2 Tomaten
  1 milde weiße Zwiebel
  2 Kugeln Mozzarella (je 125 g)
  3 EL Zitronensaft
  Pfeffer, frisch gemahlen
  4 EL Olivenöl
  1 EL kleine Kapern

Zubereitung: 25 Min.
- Pro Portion ca.: 480 kcal

1 | Für die Nudeln reichlich Wasser zum Kochen bringen und salzen. Die Nudeln darin al dente kochen.

2 | Inzwischen den Rucola verlesen, waschen, trockenschleudern und grob hacken. Den Sellerie und die Tomaten waschen und klein würfeln. Zwiebel schälen, achteln und in feine Streifen schneiden. Den Mozzarella in kleine Würfel schneiden.

3 | Zitronensaft mit Salz, Pfeffer und Öl verrühren. Rucola, Gemüse, Zwiebel, Mozzarella und Kapern untermischen.

4 | Die Nudeln abschrecken, abtropfen und leicht abkühlen lassen. Mit der Gemüse-Käse-Mischung verrühren und lauwarm servieren.

- Dazu passt: Weißbrot
- Getränk: trockener Weißwein oder Prosecco

preiswert | fürs Büfett

Salat mit gebratenen Zucchini

FÜR 4 PERSONEN

- **300 g Spaghetti | Salz**
  400 g junge Zucchini
  1/2 unbehandelte Zitrone
  1/2 Bund Basilikum
  2 Knoblauchzehen
  4 EL Olivenöl
  1/8 l trockener Weißwein (ersatzweise Gemüsebrühe)
  2 EL Weißweinessig
  Pfeffer, frisch gemahlen
  150 g Artischockenherzen (aus dem Glas)
  1 EL schwarze Oliven

Zubereitung: 30 Min.
- Pro Portion ca.: 370 kcal

1 | Für die Nudeln reichlich Wasser zum Kochen bringen und salzen. Die Nudeln darin al dente kochen.

2 | Zucchini waschen und in dünne Scheiben schneiden. Zitrone heiß waschen, Schale abreiben. Basilikumblättchen in Streifen schneiden, Knoblauch schälen und hacken.

3 | 2 EL Öl in einer Pfanne erhitzen. Zucchini darin bei mittlerer Hitze unter Rühren etwa 5 Min. braten. Zitronenschale und Knoblauch kurz mitbraten. Mit dem Wein ablöschen. Basilikum und Essig untermischen, mit Salz und Pfeffer abschmecken.

4 | Artischocken abtropfen lassen, halbieren. Nudeln abgießen, kurz abtropfen lassen und mit Artischocken, Zucchini und übrigem Öl verrühren. Abschmecken und mit Oliven garniert servieren.

- Getränk: trockener Weißwein

im Bild hinten: **Salat mit Mozzarella** *im Bild vorne:* **Salat mit gebratenen Zucchini** ➤

gut vorzubereiten

Spaghetti mit roher Gemüsesauce

FÜR 4 PERSONEN

- 1 junger Zucchino
- 3 Tomaten
- 1 gelbe Paprikaschote
- 1 Bund Frühlingszwiebeln
- 2 Knoblauchzehen
- je ein paar Stängel Petersilie, Basilikum und Zitronenmelisse
- 1 EL Zitronensaft
- 4 EL Olivenöl
- Salz
- Pfeffer, frisch gemahlen
- 500 g Spaghetti
- 2 EL Pinienkerne

Zubereitung: 25 Min.

Pro Portion ca.: 600 kcal

1 | Zucchino, Tomaten und Paprika waschen, putzen und in sehr kleine Würfel schneiden. Die Frühlingszwiebeln waschen, putzen und mit dem knackigen Grün in sehr feine Ringe schneiden. Den Knoblauch schälen und sehr fein hacken. Kräuter waschen, trockenschütteln und fein hacken.

2 | Zitronensaft mit 3 EL Olivenöl gründlich verrühren, das Gemüse, die Kräuter und den Knoblauch untermischen. Mit Salz und Pfeffer abschmecken.

3 | Für die Nudeln reichlich Wasser zum Kochen bringen und salzen. Die Nudeln darin al dente kochen.

4 | Das restliche Öl erhitzen, die Pinienkerne darin goldgelb rösten. Die Nudeln abgießen, abtropfen lassen, mit der kalten Sauce mischen und in vorgewärmte Teller verteilen. Mit den Pinienkernen bestreut servieren.

Getränk: trockener Weißwein oder Rosé

schnell | würzig

Spaghetti mit Sardellen-Kapern-Öl

FÜR 4 PERSONEN

- 500 g Spaghetti
- Salz
- 8 Sardellenfilets in Öl
- 1 EL entsteinte grüne Oliven
- 1 EL Kapern
- 2 Knoblauchzehen
- je 4 Stängel Minze und Petersilie
- 4 EL Olivenöl
- Pfeffer, frisch gemahlen

Zubereitung: 20 Min.

Pro Portion ca.: 610 kcal

1 | Für die Nudeln reichlich Wasser zum Kochen bringen und salzen. Die Nudeln darin al dente kochen.

2 | Die Sardellenfilets abtropfen lassen und mit Oliven und Kapern sehr fein hacken. Den Knoblauch schälen und dazupressen oder ebenfalls fein hacken. Kräuter waschen, trockenschütteln und sehr fein hacken.

3 | Sardellenmischung, Knoblauch und Kräuter mit Öl verrühren und mit Salz und Pfeffer würzen.

4 | Die Nudeln abgießen, abtropfen lassen und mit der Sauce mischen. In vorgewärmten Tellern servieren.

Dazu passt: Tomatensalat

Getränk: leichter Rotwein

im Bild hinten: Spaghetti mit Sardellen-Kapern-Öl *im Bild vorne:* Spaghetti mit roher Gemüsesauce

gut vorzubereiten

Spaghetti mit Petersilienpesto

FÜR 4 PERSONEN

- **500 g Spaghetti | Salz**
  1 großes Bund Petersilie
  2 Knoblauchzehen
  60 g Haselnusskerne
  1 kleines Stück getrocknete Chilischote
  6 EL Olivenöl
  5 EL Parmesan, frisch gerieben
  Pfeffer, frisch gemahlen

Zubereitung: 20 Min.
- Pro Portion ca.: 730 kcal

1 | Für die Nudeln reichlich Wasser zum Kochen bringen und salzen. Die Nudeln darin al dente kochen.

2 | Die Petersilie waschen und trockenschütteln, die Blättchen abzupfen. Knoblauch schälen und grob hacken.

3 | Petersilie, Knoblauch, Haselnüsse, Chili und Öl im Mixer zu einer feinen Paste verarbeiten. Käse unterrühren, salzen und pfeffern.

4 | Pesto in einer großen Schüssel mit 3–4 EL heißem Nudelkochwasser cremig rühren. Nudeln abgießen und sofort in der Schüssel mit dem Pesto vermengen.

- Dazu passen: frisch geriebener Parmesan und Tomatensalat
- Getränk: Rotwein

würzig | für Gäste

Spaghetti mit Tomaten-Oliven-Pesto

FÜR 4 PERSONEN

- **500 g Spaghetti | Salz**
  8 getrocknete Tomaten in Öl
  50 g entsteinte grüne Oliven
  1/2 Bund Basilikum
  40 g Pinienkerne
  5 EL Olivenöl
  Pfeffer, frisch gemahlen
  1 TL Aceto balsamico
  1 frische Tomate

Zubereitung: 20 Min.
- Pro Portion ca.: 800 kcal

1 | Für die Nudeln reichlich Wasser zum Kochen bringen und salzen. Die Nudeln darin al dente kochen.

2 | Die getrockneten Tomaten und die Oliven grob zerkleinern. Die Basilikumblättchen von den Stängeln zupfen und ebenfalls grob hacken.

3 | Tomaten, Oliven und Basilikum mit Pinienkernen und Olivenöl im Mixer fein zerkleinern. Mit Salz, Pfeffer und dem Essig abschmecken.

4 | Inzwischen die frische Tomate waschen und fein würfeln. Das Pesto in einer Schüssel mit 2 EL Nudelkochwasser verrühren. Nudeln abgießen und sofort in der Schüssel mit dem Pesto vermengen. Mit Tomatenwürfeln bestreut servieren.

- Dazu passt: zerkrümelter Fetakäse
- Getränk: Rotwein

TIPP Mit einer Schicht Öl bedeckt kann man Pesto im Schraubglas gut 2 Wochen im Kühlschrank lagern.

im Bild hinten: Spaghetti mit Tomaten-Oliven-Pesto *im Bild vorne:* Spaghetti mit Petersilienpesto

Mit Sahne, Käse und Eiern

Viele mögen Spaghetti besonders gern, wenn in der Sauce Sahniges, zart schmelzender Käse oder auch Eier mit von der Partie sind. Ob ganz klassisch als Spaghetti carbonara oder als Verfeinerung eines bekannten Gerichtes wie Spaghetti mit Gorgonzolasauce, die mit buntem Gemüse ein interessantes Gesicht bekommt – mit den Rezepten aus diesem Kapitel können Sie sich und Ihre Gäste mal so richtig verwöhnen!

Blitzrezepte

Spaghetti mit Frühlingszwiebelsahne

FÜR 4 PERSONEN

➤ **1 großes Bund Frühlingszwiebeln 400 g Spaghetti | Salz | 2 EL Öl 100 ml Weißwein (ersatzweise Gemüsebrühe) | 150 g Sahne 1 TL Tomatenmark**

1 | Zwiebeln waschen, putzen und in feine Ringe schneiden. Für die Nudeln reichlich Wasser zum Kochen bringen und salzen. Die Nudeln darin al dente kochen.

2 | Weiße Zwiebelringe im Öl andünsten. Mit Wein und Sahne aufgießen, mit Salz und Tomatenmark würzen und aufkochen. Nudeln abgießen, abtropfen lassen, mit der Sauce mischen. Mit den grünen Zwiebelringen bestreuen.

Salbei-Spaghetti mit Parmesan

FÜR 4 PERSONEN

➤ **500 g Spaghetti | Salz | 20 Salbeiblättchen | 4 EL Butter | Pfeffer, frisch gemahlen | 60 g Parmesan**

1 | Für die Nudeln reichlich Wasser zum Kochen bringen und salzen. Die Nudeln darin al dente kochen.

2 | Inzwischen Salbei waschen, abtrocknen und in Streifen schneiden. Butter in einer Pfanne erhitzen und leicht braun werden lassen. Salbeistreifen unterrühren und kurz weiterbraten. Salzen und pfeffern.

3 | Nudeln abgießen, abtropfen lassen, mit Salbeibutter mischen. In Tellern verteilen, Parmesan in Spänen darüber hobeln.

für Gäste | vegetarisch

Spaghetti mit Kräutersahne

FÜR 4 PERSONEN

➤ **400 g Spaghetti**
Salz
200 g gemischte Kräuter (z. B. Petersilie, Borretsch, Oregano, Rucola und Zitronenmelisse)
1 Zwiebel
2 Knoblauchzehen
1 EL Butter | 1 EL Öl
Pfeffer, frisch gemahlen
200 g Sahne
1 Tomate

Zubereitung: 20 Min.
➤ Pro Portion ca.: 590 kcal

1 | Für die Nudeln reichlich Wasser zum Kochen bringen und salzen. Die Nudeln darin al dente kochen.

2 | Kräuter verlesen, waschen, trockenschütteln und von den Stängeln befreien. Die Kräuter fein hacken. Die Zwiebel und den Knoblauch schälen und fein würfeln.

3 | Inzwischen die Butter mit dem Öl erhitzen. Die Zwiebel und den Knoblauch darin glasig dünsten. Die Kräuter dazugeben und zusammenfallen lassen. Mit Salz und Pfeffer würzen. Die Sahne angießen und alles bei mittlerer Hitze cremig einkochen lassen.

4 | Die Tomate waschen und sehr klein würfeln. Nudeln abgießen, abtropfen lassen und mit der Kräutersahne mischen. Mit den Tomatenwürfeln bestreut servieren.

➤ Getränk: Weißwein

preiswert | schnell

Spaghetti mit Schinkensauce

FÜR 4 PERSONEN

➤ **400 g Spaghetti**
Salz
150 g gekochter Schinken
2 Tomaten
2 Knoblauchzehen
2 Frühlingszwiebeln
1/2 Bund Basilikum
1 EL Olivenöl
50 ml trockener Weißwein (ersatzweise Gemüsebrühe)
100 g Crème fraîche
Pfeffer, frisch gemahlen

Zubereitung: 25 Min.
➤ Pro Portion ca.: 540 kcal

1 | Für die Nudeln reichlich Wasser zum Kochen bringen und salzen. Die Nudeln darin al dente kochen.

2 | Schinken vom Fettrand befreien und in kleine Würfel schneiden. Tomaten überbrühen, häuten und ebenfalls würfeln. Knoblauch schälen und hacken. Die Frühlingszwiebeln waschen, putzen und mit dem Grün in feine Ringe schneiden. Grün beiseite legen. Basilikumblätter in Streifen schneiden.

3 | Öl erhitzen, Schinken mit Knoblauch und Zwiebeln darin andünsten. Tomaten kurz mitbraten, mit dem Wein ablöschen und Crème fraîche mit der Hälfte des Basilikums untermischen. Sauce salzen und pfeffern.

4 | Nudeln abgießen und abtropfen lassen. Mit Schinkensahne und übrigem Basilikum mischen, mit Zwiebelgrün bestreut servieren.

➤ Getränk: Weißwein

im Bild hinten: **Spaghetti mit Schinkensauce** *im Bild vorne:* **Spaghetti mit Kräutersahne** ➤

würzig | gelingt leicht

Spaghetti mit Gorgonzolasauce

FÜR 4 PERSONEN

- 1 junger Zucchino
- 1 Stück Kürbis (etwa 150 g)
- 2 Frühlingszwiebeln
- 200 g Gorgonzola
- 400 g Spaghetti
- Salz
- 1 EL Öl
- 200 g Sahne
- 1/8 l Gemüsebrühe
- Pfeffer, frisch gemahlen
- 2 Stängel Petersilie

Zubereitung: 35 Min.
➤ Pro Portion ca.: 740 kcal

1 | Den Zucchino waschen, den Kürbis schälen und von den Kernen befreien. Beides erst in Scheiben, dann in feine Stifte schneiden. Frühlingszwiebeln waschen, putzen und mit dem Grün in feine Ringe schneiden. Den Gorgonzola grob würfeln.

2 | Für die Nudeln reichlich Wasser zum Kochen bringen und salzen. Die Nudeln darin al dente kochen.

3 | Gleichzeitig Öl erhitzen und das Gemüse und die Zwiebeln darin unter Rühren bei mittlerer Hitze 3–4 Min. dünsten. Gorgonzola, Sahne und Brühe hinzufügen und bei schwacher Hitze den Käse schmelzen lassen. Die Sauce salzen und pfeffern.

4 | Die Petersilie waschen, trockenschütteln und fein hacken. Nudeln abgießen, abtropfen lassen und mit der Gorgonzolasauce mischen. Mit der Petersilie bestreuen und servieren.

➤ Getränk: trockener Weißwein

schnell | für Gäste

Spaghetti quattro formaggi

FÜR 4 PERSONEN

- 2 getrocknete Tomaten in Öl
- 150 g Cocktailtomaten
- 50 g Pecorino
- 50 g Caciocavallo
- 50 g Gorgonzola
- 50 g frischer Ricotta
- 400 g Spaghetti
- Salz | 1 EL Olivenöl
- 150 ml Gemüsebrühe
- Pfeffer, frisch gemahlen
- 4 Stängel Basilikum

Zubereitung: 25 Min.
➤ Pro Portion ca.: 600 kcal

1 | Getrocknete Tomaten in Streifen schneiden, frische Tomaten waschen und halbieren. Hartkäse fein reiben und den Gorgonzola grob würfeln, alle Käse mischen.

2 | Für die Nudeln reichlich Wasser zum Kochen bringen und salzen. Die Nudeln darin al dente kochen.

3 | Öl erhitzen, getrocknete Tomaten kurz andünsten. Mit Brühe aufgießen, Käse untermischen, bei schwacher Hitze schmelzen lassen. Die Cocktailtomaten untermengen, mit Salz und Pfeffer würzen. Basilikumblätter abzupfen und fein hacken. Nudeln abgießen, abtropfen lassen, mit der Sauce mischen und mit Basilikum bestreuen.

➤ Getränk: trockener Weißwein oder Rosé

im Bild hinten: **Spaghetti mit Gorgonzolasauce** *im Bild vorne:* **Spaghetti quattro formaggi** ➤

vegetarisch | schnell

Spaghetti mit Zucchiniblüten und Ei

FÜR 4 PERSONEN

- 2 junge Zucchini
- 4 Zucchiniblüten
- 150 g Cocktailtomaten
- 1 Zwiebel
- 1/2 Bund Petersilie
- 400 g Spaghetti | Salz
- 2 EL Olivenöl
- 3 Eier (Größe M)
- 3 EL Parmesan, frisch gerieben
- Pfeffer, frisch gemahlen

Zubereitung: 30 Min.
➤ Pro Portion ca.: 490 kcal

1 | Die Zucchini waschen und erst in Scheiben, dann in Stifte schneiden. Aus den Zucchiniblüten den Stempel herausschneiden. Zucchiniblüten in Streifen schneiden. Tomaten waschen und halbieren. Zwiebel schälen, halbieren, in Streifen schneiden. Petersilie waschen, trockenschütteln und hacken.

2 | Für die Nudeln reichlich Wasser zum Kochen bringen und salzen. Die Nudeln darin al dente kochen.

3 | Öl erhitzen, die Zucchini darin mit der Zwiebel und den Zucchiniblüten bei mittlerer Hitze 4–5 Min. braten. Tomaten untermischen. Eier mit Käse und Petersilie verrühren, leicht salzen und pfeffern. Zu den Zucchini geben und nur kurz stocken lassen.

4 | Die Nudeln abgießen, abtropfen lassen und mit der Sauce mischen, servieren.

➤ Getränk: Weißwein

Klassiker aus Rom

Spaghetti carbonara

FÜR 4 PERSONEN

- 100 g Schinkenspeck in dünnen Scheiben
- 1 Knoblauchzehe
- 400 g Spaghetti | Salz
- 1 EL Olivenöl
- 2 sehr frische Eier (Größe M) | 50 g Sahne
- 50 g Parmesan, frisch gerieben
- Pfeffer, frisch gemahlen
- 2 Stängel Petersilie

Zubereitung: 20 Min.
➤ Pro Portion ca.: 660 kcal

1 | Den Speck in feine Streifen schneiden. Den Knoblauch schälen, fein hacken. Backofen auf 70° (Umluft 50°) schalten, eine Schüssel hineinstellen.

2 | Für die Nudeln reichlich Wasser zum Kochen bringen und salzen. Die Nudeln darin al dente kochen.

3 | Gleichzeitig den Speck mit dem Knoblauch im Öl in etwa 6 Min. bei mittlerer Hitze leicht knusprig braten.

4 | Eier, Sahne und Parmesan in der vorgewärmten Schüssel gut verrühren, mit Salz und Pfeffer abschmecken. Die Nudeln abgießen, abtropfen lassen und mit der Speckmischung in der Pfanne verrühren. Dann in die Schüssel zur Eiermischung geben und so lange vermengen, bis die Eier gestockt, aber noch weich sind. Die Petersilie waschen, trockenschütteln, hacken und darüber streuen.

➤ Getränk: Weißwein oder Rosé

im Bild hinten: **Spaghetti mit Zucchiniblüten und Ei** *im Bild vorne:* **Spaghetti carbonara** ➤

Mit buntem Gemüse

Ob grün, rot oder gelb – Gemüse passt perfekt zu Spaghetti und lässt sich braten, schmoren oder auch als Püree in eine feine Nudelsauce verwandeln. Die meisten Saucen sind im Handumdrehen fertig, nur die Linsen schmurgeln ein bisschen vor sich hin, machen dafür aber trotzdem so gut wie keine Arbeit. Lassen Sie sich von gesundem Gemüse zur Pasta verführen.

Blitzrezepte

Spaghetti mit Tomaten und Brot

FÜR 4 PERSONEN

➤ **250 g Tomaten | 1 Bund Basilikum 150 g italienisches Weißbrot | 400 g Spaghetti | Salz | 4 EL Olivenöl Pfeffer, frisch gemahlen**

1 | Tomaten waschen und klein würfeln. Basilikumblätter in Streifen schneiden. Brot in kleine Stücke zupfen. Für die Nudeln reichlich Wasser zum Kochen bringen und salzen. Die Nudeln darin al dente kochen.

2 | Brot in einer Pfanne etwa 2 Min. anrösten. Öl dazu, Brot knusprig braten. Tomaten und Basilikum untermischen, salzen, pfeffern. Nudeln abgießen, abtropfen lassen, mit Tomaten und Brot mischen.

Spaghetti mit Balsamico-Zwiebeln

FÜR 4 PERSONEN

➤ **400 g rote Zwiebeln | 2 Knoblauchzehen | 1/2 Bund Petersilie 4 EL Olivenöl | 50 ml Gemüsebrühe | 4 EL Aceto balsamico Salz | 500 g Spaghetti**

1 | Zwiebeln schälen, vierteln, in Streifen schneiden. Knoblauch schälen, hacken. Petersilie waschen, trockenschütteln und fein hacken. 2 EL Öl erhitzen, Zwiebeln darin bei mittlerer Hitze 10 Min. braten. Knoblauch und Petersilie untermischen, mit Brühe, Essig und Salz würzen.

2 | Gleichzeitig Nudeln in Salzwasser al dente kochen. Abgießen, abtropfen lassen, mit Zwiebeln und übrigem Öl mischen.

für Gäste | schnell

Spaghetti mit Radicchio

FÜR 4 PERSONEN

- 400 g Radicchio
  2 rote Zwiebeln
  2 Knoblauchzehen
  2 rote Chilischoten
  500 g Spaghetti
  Salz
  1 EL Pinienkerne
  3 EL Olivenöl
  1 Prise Zucker

Zubereitung: 20 Min.
- Pro Portion ca.: 555 kcal

1 | Den Radicchio putzen, vierteln und den Strunk ausschneiden. Viertel in Streifen schneiden. Zwiebeln schälen, vierteln und in feine Streifen schneiden. Den Knoblauch schälen und hacken. Chilis waschen, entstielen, entkernen, in Streifen schneiden.

2 | Für die Nudeln reichlich Wasser zum Kochen bringen und salzen. Die Nudeln darin al dente kochen.

3 | Gleichzeitig Pinienkerne in einer Pfanne ohne Fett bei mittlerer Hitze unter Rühren goldgelb braten. Auf einen Teller schütten.

4 | Die Hälfte des Öls in der Pfanne erwärmen, Zwiebeln mit Knoblauch und Chilistreifen darin andünsten. Den Radicchio dazugeben und in 3–4 Min. unter Rühren zusammenfallen lassen. Mit Salz und dem Zucker abschmecken.

5 | Die Nudeln abgießen, abtropfen lassen und mit Radicchio und restlichem Öl mischen. Mit den Pinienkernen bestreut servieren.

- Dazu passt: Tomatensalat
- Getränk: trockener Rotwein

würzig | gelingt leicht

Spaghetti mit Kapern-Peperonata

FÜR 4 PERSONEN

- je 1 rote, gelbe und grüne Paprikaschote
  1 Zwiebel
  2 Knoblauchzehen
  2 Tomaten
  6 Sardellenfilets in Öl
  1 EL Olivenöl
  2 EL kleine Kapern
  1 EL Tomatenmark | Salz
  Pfeffer, frisch gemahlen
  500 g Spaghetti

Zubereitung: 30 Min.
- Pro Portion ca.: 520 kcal

1 | Paprika waschen, putzen und klein würfeln. Zwiebel und Knoblauch schälen und hacken. Tomaten waschen oder häuten und klein würfeln. Sardellenfilets abtropfen lassen, fein schneiden.

2 | Zwiebel und Knoblauch im Öl andünsten, Paprika kurz mitbraten. Tomaten, Sardellen und Kapern mit Tomatenmark unterrühren. Sugo salzen und pfeffern, zugedeckt bei schwacher Hitze etwa 10 Min. schmoren.

3 | Für die Nudeln reichlich Wasser zum Kochen bringen und salzen. Nudeln darin al dente kochen. Abgießen, abtropfen lassen und mit dem Sugo mischen.

- Dazu passt: frisch geriebener Pecorino

im Bild hinten: **Spaghetti mit Radicchio** *im Bild vorne:* **Spaghetti mit Kapern-Peperonata**

vegetarisch | preiswert

Spaghetti mit Auberginen und Feta

FÜR 4 PERSONEN

- 1 größere Zwiebel
- 4 Zweige Rosmarin
- 3 Knoblauchzehen
- 1 Aubergine (etwa 300 g)
- 300 g Tomaten
- 4 EL Olivenöl
- 1/8 l trockener Weiß- oder Rotwein (ersatzweise Gemüsebrühe)
- 1 EL Tomatenmark
- Salz
- Pfeffer, frisch gemahlen
- 400 g Spaghetti
- 150 g Feta

Zubereitung: 35 Min.

➤ Pro Portion ca.: 595 kcal

1 | Die Zwiebel schälen und fein würfeln. Den Rosmarin waschen, trockenschütteln und sehr fein hacken. Knoblauch schälen, klein würfeln.

2 | Die Aubergine waschen und in sehr kleine Würfel schneiden. Tomaten kurz überbrühen, abschrecken, häuten und klein würfeln.

3 | Das Öl erhitzen. Auberginenwürfel darin bei mittlerer Hitze gut anbraten. Zwiebel, Knoblauch und Rosmarin kurz mitbraten. Mit Wein ablöschen, Tomaten unterrühren und alles mit Tomatenmark, Salz und Pfeffer abschmecken. Ragout zugedeckt etwa 15 Min. bei schwacher Hitze schmoren.

4 | Für die Nudeln reichlich Wasser zum Kochen bringen und salzen. Die Nudeln darin al dente kochen. Den Feta fein zerkrümeln. Nudeln abgießen, abtropfen lassen und mit dem Auberginenragout mischen. Mit dem Käse bestreut servieren.

➤ Getränk: Weiß- oder Rotwein (je nachdem, was beim Ragout verwendet wurde)

gelingt leicht

Spaghetti mit Zitronen-Erbsen

FÜR 4 PERSONEN

- 1 unbehandelte Zitrone
- 2 Knoblauchzehen
- 1 EL Butter
- 300 g TK-Erbsen
- 1/8 l Gemüsefond | Salz
- Pfeffer, frisch gemahlen
- 400 g Spaghetti
- 100 g Sahne

Zubereitung: 20 Min.

➤ Pro Portion ca.: 520 kcal

1 | Die Zitrone heiß waschen, die Schale dünn abschneiden und hacken. Eine Hälfte auspressen. Knoblauch schälen und fein hacken.

2 | Knoblauch in der zerlassenen Butter andünsten. Erbsen und Zitronenschale untermischen, mit Fond aufgießen, salzen, pfeffern und zugedeckt bei mittlerer Hitze etwa 6 Min. garen.

3 | Für die Nudeln reichlich Wasser zum Kochen bringen und salzen. Die Nudeln darin al dente kochen. Die Hälfte der Erbsen aus dem Topf fischen, die übrigen mit dem Fond fein pürieren. Sahne mit ganzen Erbsen untermischen, Sauce mit Salz, Pfeffer und Zitronensaft würzen. Nudeln abgießen, abtropfen lassen und damit mischen.

➤ Getränk: Weißwein

im Bild hinten: **Spaghetti mit Zitronen-Erbsen** *im Bild vorne:* **Spaghetti mit Auberginen und Feta** ➤

preiswert | vegetarisch

Spaghetti mit Zucchini-Pilz-Ragout

FÜR 4 PERSONEN

- 1/4 Bund Oregano
- 3 Knoblauchzehen
- 300 g junge Zucchini
- 200 g Champignons oder Egerlinge
- 400 g Spaghetti | Salz
- 1 EL Butter | 2 EL Öl
- 200 ml Weißwein (ersatzweise Gemüsefond)
- 125 g Sahne
- 1 EL Zitronensaft
- Pfeffer, frisch gemahlen

Zubereitung: 30 Min.

➤ Pro Portion ca.: 575 kcal

1 | Den Oregano waschen, trockenschütteln und fein hacken. Knoblauch schälen und klein würfeln. Zucchini waschen und würfeln. Pilze mit Küchenpapier abreiben, vom Stielende befreien und in feine Scheiben schneiden.

2 | Für die Nudeln reichlich Wasser zum Kochen bringen und salzen. Die Nudeln darin al dente kochen.

3 | Gleichzeitig die Butter mit dem Öl erhitzen. Pilze und Zucchini darin unter Rühren etwa 4 Min. braten. Knoblauch und Oregano kurz mitbraten. Mit Wein ablöschen, Sahne untermischen und alles offen bei mittlerer Hitze cremig einkochen lassen.

4 | Die Sauce mit Zitronensaft, Salz und Pfeffer abschmecken. Die Nudeln abgießen, abtropfen lassen und mit der Sauce mischen, rasch servieren.

➤ Getränk: leichter Rotwein

würzig | gelingt leicht

Spaghetti mit Schnippelbohnen

FÜR 4 PERSONEN

- 400 g breite grüne Bohnen | Salz
- 2 rote Chilischoten
- 2 Knoblauchzehen
- 1/2 Bund Petersilie
- 500 g Spaghetti
- 2 EL Pinienkerne
- 4 EL Olivenöl
- 100 g frischer Ricotta

Zubereitung: 30 Min.

➤ Pro Portion ca.: 640 kcal

1 | Die Bohnen waschen, Enden abschneiden. Bohnen in kochendem Salzwasser in 8–10 Min. bissfest garen. Abschrecken.

2 | Chilischoten waschen, entstielen und in feine Ringe schneiden. Den Knoblauch schälen und fein hacken. Petersilie waschen, trockenschütteln und fein hacken. Bohnen schräg in schmale Streifen schneiden.

3 | Für die Nudeln reichlich Wasser zum Kochen bringen und salzen. Die Nudeln darin al dente kochen.

4 | Gleichzeitig Pinienkerne in 1 EL Öl goldgelb rösten, auf einen Teller geben. Die Bohnen im übrigen Öl leicht braun braten. Chili und Knoblauch kurz mitbraten. Die Bohnen salzen, die Petersilie untermischen. Nudeln abgießen, abtropfen lassen, mit den Bohnen vermengen und mit dem Ricotta in kleinen Stücken belegen.

im Bild hinten: Spaghetti mit Zucchini-Pilz-Ragout *im Bild vorne:* Spaghetti mit Schnippelbohnen ➤

scharf | preiswert

Spaghetti mit Kürbispüree

FÜR 4 PERSONEN

- **1 Stück Kürbis (700 g)**
- **1 Zwiebel**
- **2 Knoblauchzehen**
- **1 Stück getrocknete Chilischote**
- **2 EL Olivenöl**
- **75 ml Gemüsebrühe**
- **400 g Spaghetti**
- **Salz**
- **75 g Crème fraîche**
- **4 EL Parmesan, frisch gerieben**
- **Pfeffer, frisch gemahlen**
- **100 g roh geräucherter Schinken**

Zubereitung: 35 Min.
➤ Pro Portion ca.: 610 kcal

1 | Kürbis schälen, von den Kernen mit dem faserigen Fleisch befreien und grob würfeln. Zwiebel und Knoblauch schälen und mit dem Chilistück fein hacken.

2 | Olivenöl erhitzen, Zwiebel, Knoblauch und Peperoncino darin andünsten. Den Kürbis zugeben und kurz dünsten. Mit der Brühe aufgießen und zugedeckt bei schwacher Hitze etwa 15 Min. schmoren lassen.

3 | Für die Nudeln reichlich Wasser zum Kochen bringen und salzen. Die Nudeln darin al dente kochen.

4 | Kürbis mit der Garflüssigkeit pürieren, mit Crème fraîche und Käse mischen und mit Salz und Pfeffer abschmecken. Den Schinken ohne Fettrand in Streifen schneiden, in einer Pfanne ohne Fett kurz anbraten. Nudeln abgießen, abtropfen lassen, mit dem Kürbispüree mischen und mit Schinkenstreifen bestreut servieren.

➤ Getränk: Weißwein

vegetarisch | für Gäste

Spaghetti mit Spargel

FÜR 4 PERSONEN

- **300 g grüner Spargel**
- **100 g Cocktailtomaten**
- **2 Knoblauchzehen**
- **1/4 Bund Petersilie**
- **500 g Spaghetti | Salz**
- **2 EL Olivenöl**
- **50 g Parmesan**
- **Pfeffer, grob gemahlen**

Zubereitung: 35 Min.
➤ Pro Portion ca.: 560 kcal

1 | Spargel waschen, holzige Enden abschneiden. Spitzen abschneiden, die Stangen in dünne Scheiben schneiden. Die Tomaten waschen und vierteln. Knoblauch schälen und in feine Stifte schneiden. Petersilie waschen, trockenschütteln und fein hacken.

2 | Für die Nudeln reichlich Wasser zum Kochen bringen und salzen. Die Nudeln darin al dente kochen.

3 | Inzwischen Öl erhitzen, Spargel darin unter Rühren etwa 6 Min. braten. Knoblauch mit Tomaten zugeben, kurz weitergaren. Käse in kleine Stücke brechen, mit Petersilie unter den Spargel mischen, salzen und pfeffern.

4 | Die Nudeln abgießen, abtropfen lassen und mit dem Spargel mischen.

➤ Getränk: Weißwein oder Prosecco

im Bild hinten: **Spaghetti mit Kürbispüree** *im Bild vorne:* **Spaghetti mit Spargel** ➤

deftig | vegetarisch

Spaghetti mit Linsen

FÜR 4 PERSONEN

- 2 Stangen Sellerie
  1 Zwiebel
  2 Knoblauchzehen
  1/4 Bund Thymian
  2 EL Olivenöl
  150 g kleine braune oder grüne Linsen
  1/4 l Gemüsebrühe
  1 kleine Dose geschälte Tomaten (400 g Inhalt)
  400 g Spaghetti
  Salz | Cayennepfeffer
  1 EL Aceto balsamico

Zubereitung: 1 Std.
- Pro Portion ca.: 570 kcal

1 | Den Sellerie waschen, putzen und in feine Scheiben schneiden. Zwiebel und Knoblauch schälen und fein hacken. Thymian waschen, trockenschütteln und die Blättchen abstreifen.

2 | Das Öl erhitzen. Sellerie, Zwiebel, Knoblauch und Thymian darin andünsten. Linsen zugeben und kurz dünsten. Mit der Brühe ablöschen. Tomaten in der Dose klein schneiden und untermischen. Linsen zugedeckt bei schwacher Hitze in etwa 40 Min. weich garen.

3 | Für die Nudeln reichlich Wasser zum Kochen bringen und salzen. Die Nudeln darin al dente kochen.

4 | Linsen mit Salz, Cayennepfeffer und Essig würzen. Nudeln abgießen, abtropfen lassen und mit den Linsen mischen.

- Dazu passt: frisch geriebener Parmesan
- Getränke: Rotwein oder Bier

würzig | für Gäste

Spaghetti mit Safrangemüse

FÜR 4 PERSONEN

- 1 Döschen Safranfäden (0,1 g)
  500 g Spaghetti | Salz
  1 junge Möhre
  1 junger Zucchino
  1/2 gelbe Paprikaschote
  1 zarte Stange Lauch
  1 rote Zwiebel
  2 EL Olivenöl
  Pfeffer, frisch gemahlen
  1/4 Bund Petersilie

Zubereitung: 20 Min.
- Pro Portion ca.: 520 kcal

1 | Den Safran leicht zwischen den Fingern zerreiben und in 100 ml lauwarmes Wasser rühren. 15 Min. stehen lassen.

2 | Für die Nudeln reichlich Wasser zum Kochen bringen und salzen. Die Nudeln darin al dente kochen.

3 | Das Gemüse und die Zwiebel waschen und putzen oder schälen und in feine Streifen schneiden.

4 | Öl erhitzen, Gemüse und Zwiebel darin unter Rühren in 3–4 Min. bissfest garen. Safranwasser angießen und gut aufkochen lassen. Das Gemüse mit Salz und Pfeffer würzen. Petersilie waschen, trockenschütteln und fein hacken. Nudeln abgießen, abtropfen lassen und mit dem Safrangemüse mischen. Mit der Petersilie bestreuen.

- Getränk: Weißwein

im Bild hinten: **Spaghetti mit Safrangemüse** *im Bild vorne:* **Spaghetti mit Linsen**

Mit Fisch und Meeresfrüchten

Was man in Italien schon so oft mit Begeisterung gegessen hat, kann man jetzt ganz einfach zu Hause selber machen. Genauso wie eines der vielen anderen, vielleicht noch unbekannten Pastagerichte mit Fisch und Meeresfrüchten – ob mit Garnelen, Räucherlachs, Fischwürfeln oder auch mal Tintenfisch. Immer leicht und lecker und selbstverständlich ganz einfach zuzubereiten!

Blitzrezepte

Spaghetti mit Zitronengarnelen

FÜR 4 PERSONEN

➤ **300 g geschälte rohe Garnelen | 1/2 unbehandelte Zitrone | 2 Knoblauchzehen 400 g Spaghetti | Salz | 1 EL Butter 125 g Sahne | Pfeffer, frisch gemahlen**

1 | Die Garnelen würfeln. Zitrone heiß waschen, Schale fein abreiben, Saft auspressen. Knoblauch schälen und hacken. Die Nudeln in reichlich Salzwasser al dente kochen. Knoblauch in der Butter andünsten, Garnelen kurz mitbraten. Mit Sahne aufgießen, Zitronenschale untermischen, salzen, pfeffern. Mit Zitronensaft nach Belieben abschmecken. Nudeln abgießen, abtropfen lassen, mit der Sauce mischen. Nach Wunsch noch mit ganzen gebratenen Garnelen garnieren.

Spaghetti mit Räucherforelle

FÜR 4 PERSONEN

➤ **300 g geräucherte Forellenfilets 10 getrocknete Tomaten in Öl 1/2 Bund Petersilie | 500 g Spaghetti Salz | 2 EL Olivenöl | 1 Schuss trockener Weißwein (ersatzweise Gemüsebrühe) | Pfeffer, frisch gemahlen**

1 | Die Forellenfilets in Stücke zupfen. Tomaten in dünne Streifen schneiden. Die Petersilie waschen, trockenschütteln und hacken. Die Nudeln in reichlich Salzwasser al dente kochen.

2 | Öl erhitzen, Tomaten, Forellenfilets und Petersilie anbraten. Mit Wein ablöschen, salzen, pfeffern. Nudeln abgießen, abtropfen lassen, mit der Sauce mischen.

gelingt leicht | schnell

Spaghetti mit Tunfischsugo

FÜR 4 PERSONEN

- 2 rote Zwiebeln
- 2 Tomaten
- 4 Stängel Minze
- 1 getrocknete Chilischote
- 2 Dosen Tunfisch (im eigenen Saft, je 150 g Abtropfgewicht)
- 400 g Spaghetti
- Salz
- 2 EL Öl
- 4 EL Noilly Prat (weißer Wermut, nach Belieben)
- 4 EL Sahne
- 2 EL kleine Kapern

Zubereitung: 25 Min.
Pro Portion ca.: 575 kcal

1 | Die Zwiebeln schälen und fein hacken. Die Tomaten waschen und klein würfeln. Minze waschen, trockenschütteln und fein hacken. Chilischote fein zerkrümeln. Tunfisch abtropfen lassen und fein zerpflücken.

2 | Für die Nudeln reichlich Wasser zum Kochen bringen und salzen. Die Nudeln darin al dente kochen.

3 | Gleichzeitig Öl erhitzen und die Zwiebeln mit der Chilischote darin andünsten. Die Minze kurz mitbraten. Tomaten, Tunfisch, Noilly Prat nach Belieben und die Sahne dazugeben. Kapern untermischen, Sugo salzen. Bei schwacher Hitze 3–4 Min. offen köcheln lassen.

4 | Die Nudeln abgießen und abtropfen lassen. Mit dem Sugo mischen und servieren.

Getränk: trockener Weißwein

für Gäste | schnell

Spaghetti mit Schwertfisch

FÜR 4 PERSONEN

- 400 g Schwertfisch (ersatzweise Tunfisch)
- 2 Tomaten
- 2 Knoblauchzehen
- 1/2 Bund Basilikum
- 500 g Spaghetti
- Salz
- 4 EL Olivenöl
- 4 EL Vin santo (ersatzweise Marsala oder Fischfond)
- Pfeffer, frisch gemahlen
- 2 EL Semmelbrösel

Zubereitung: 25 Min.
Pro Portion ca.: 685 kcal

1 | Fisch kalt abwaschen, trockentupfen und in kleine Würfel schneiden. Tomaten überbrühen, häuten und klein schneiden. Knoblauch schälen und fein hacken. Basilikumblätter abzupfen und in Streifen schneiden.

2 | Für die Nudeln reichlich Wasser zum Kochen bringen und salzen. Die Nudeln darin al dente kochen.

3 | In einer Pfanne 3 EL Öl erhitzen, Knoblauch darin andünsten. Fisch kurz mitbraten, Tomaten und Vin santo dazugeben, salzen, pfeffern und bei schwacher Hitze offen 4 Min. garen.

4 | Die Semmelbrösel im restlichen Öl anrösten. Nudeln abgießen, abtropfen lassen und mit der Sauce und dem Basilikum mischen. Mit den Semmelbröseln bestreuen und servieren.

Getränk: trockener Weißwein

im Bild hinten: **Spaghetti mit Tunfischsugo** *im Bild vorne:* **Spaghetti mit Schwertfisch**

Klassiker aus Italien

Spaghetti vongole

FÜR 4 PERSONEN

- 1 kg Vongole (Venusmuscheln)
- 2 Knoblauchzehen
- 2 Tomaten
- 400 g Spaghetti
- Salz
- 4 EL Olivenöl
- Chilipulver
- 1 kleines Bund Petersilie

Zubereitung: 30 Min.
Pro Portion ca.: 495 kcal

1 | Muscheln waschen. Muscheln, die sich dabei nicht schließen, wegwerfen. Knoblauch schälen, in feine Scheiben schneiden. Tomaten überbrühen, häuten, entkernen und klein würfeln.

2 | Für die Nudeln reichlich Wasser zum Kochen bringen und salzen. Die Nudeln darin al dente kochen.

3 | Gleichzeitig 2 EL Öl erhitzen. Muscheln mit Knoblauch darin zugedeckt bei starker Hitze 5 Min. garen.

4 | Muscheln in ein Sieb gießen und abtropfen lassen, Sud auffangen. Geschlossene Muscheln wegwerfen, aus den geöffneten das Muschelfleisch herauslösen. Sud nochmals durch ein feines Sieb gießen.

5 | Die Tomaten im restlichen Öl andünsten. Muscheln mit dem Sud dazugeben, mit Salz und Chili abschmecken. Die Petersilie waschen, trockenschütteln und fein hacken. Nudeln abgießen, abtropfen lassen und mit Muscheln und Petersilie mischen.

Getränk: Weißwein

gut vorzubereiten

Spaghetti mit Tintenfisch

FÜR 4 PERSONEN

- 400 g küchenfertige Tintenfischkörper
- 3 Tomaten | 1 Zwiebel
- 2 Knoblauchzehen
- 1 grüne Chilischote
- 2 EL Olivenöl
- 1/8 l trockener Weißwein (ersatzweise Gemüsefond)
- Salz | 400 g Spaghetti
- 1/4 Bund Rucola

Zubereitung: 20 Min.
Garzeit: 1 Std.
Pro Portion ca.: 510 kcal

1 | Tintenfisch in dünne Streifen schneiden. Tomaten überbrühen, häuten und klein würfeln. Zwiebel und Knoblauch schälen und fein hacken. Chilischote waschen, entstielen, in Ringe schneiden.

2 | Zwiebel mit Knoblauch und Chili im Öl andünsten, Tintenfisch kurz mitbraten. Mit Tomaten und Wein mischen, salzen und zugedeckt bei schwacher Hitze in etwa 1 Std. weich schmoren, dabei ab und zu umrühren.

3 | Für die Nudeln reichlich Wasser zum Kochen bringen, salzen. Nudeln darin al dente kochen. Rucola verlesen, waschen, trockenschleudern, fein hacken, unter den Tintenfisch rühren. Nudeln abgießen, mit Sugo mischen.

TIPP
Statt der Tintenfischkörper in Streifen können Sie auch kleine Tintenfische schmoren.

im Bild hinten: **Spaghetti vongole** *im Bild vorne:* **Spaghetti mit Tintenfisch**

schnell | gelingt leicht

Spaghetti mit Räucherlachs

FÜR 4 PERSONEN

- **150 g Räucherlachs**
- **1 EL Zitronensaft**
- **4 Frühlingszwiebeln**
- **1 junger Zucchino**
- **1 kleines Bund Dill**
- **400 g Spaghetti | Salz**
- **1 EL Olivenöl**
- **100 g frischer Ricotta**
- **Pfeffer, frisch gemahlen**
- **Muskatnuss, frisch gerieben**

Zubereitung: 30 Min.

Pro Portion ca.: 550 kcal

1 | Lachs in feine Streifen schneiden, mit Zitronensaft mischen. Frühlingszwiebeln waschen, putzen und mit dem Grün in feine Ringe schneiden. Zucchino waschen und längs in dünne Scheiben, dann in feine Streifen schneiden. Dill waschen, trockenschütteln und fein hacken.

2 | Für die Nudeln reichlich Wasser zum Kochen bringen und salzen. Die Nudeln darin al dente kochen.

3 | Öl erhitzen, die Zucchinistreifen und die Zwiebelringe darin bei mittlerer Hitze unter Rühren 4 Min. braten. Räucherlachs, Dill und den Ricotta untermischen, nur erwärmen. Mit Salz, Pfeffer und Muskat abschmecken.

4 | Die Nudeln abgießen, abtropfen lassen und mit der Sauce mischen.

Getränk: kräftiger Weißwein

für Gäste | gelingt leicht

Spaghetti mit Frischlachs

FÜR 4 PERSONEN

- **400 g frischer Lachs**
- **Salz**
- **Pfeffer, frisch gemahlen**
- **400 g Spinat**
- **1 Tomate**
- **2 Knoblauchzehen**
- **400 g Spaghetti**
- **1 EL Butter | 50 g Sahne**
- **2 TL Zitronensaft**
- **2 Stängel Petersilie**

Zubereitung: 35 Min.

Pro Portion ca.: 595 kcal

1 | Den Lachs kalt waschen, trockentupfen und in kleine Würfel schneiden, salzen und pfeffern. Spinat verlesen und waschen, in wenig kochendem Salzwasser in 1–2 Min. zusammenfallen lassen. Kalt abschrecken, gut ausdrücken und hacken. Tomate waschen und sehr klein würfeln, den Knoblauch schälen.

2 | Für die Nudeln reichlich Wasser zum Kochen bringen und salzen. Die Nudeln darin al dente kochen.

3 | Spinat in der Butter andünsten, Knoblauch dazupressen, Tomate mit Sahne untermischen. Lachs auflegen und zugedeckt 2 Min. ziehen lassen, dann unterrühren. Alles mit Salz, Pfeffer und Zitronensaft abschmecken. Petersilie waschen, trockenschütteln und fein hacken.

4 | Die Nudeln abgießen, abtropfen lassen, mit der Lachssauce mischen und mit Petersilie bestreuen.

Getränk: Weißwein

im Bild hinten: **Spaghetti mit Räucherlachs** *im Bild vorne:* **Spaghetti mit Frischlachs**

für Gäste | gelingt leicht

Spaghetti mit Rosmarinfisch

FÜR 4 PERSONEN

- 3 Zweige Rosmarin
- 2 Knoblauchzehen
- 1 kleine rote Paprikaschote
- 1 junger Zucchino
- 3 Tomaten
- 300 g festes Fischfilet (z. B. Seelachs, Rotbarsch oder Seeteufel)
- 1 EL Zitronensaft
- 400 g Spaghetti | Salz
- 3 EL Olivenöl
- 4 EL trockener Weißwein (ersatzweise Fischfond)
- Pfeffer, frisch gemahlen

Zubereitung: 30 Min.
Pro Portion ca.: 560 kcal

1 | Rosmarin waschen, trockenschütteln und abzupfen. Knoblauch schälen und in dünne Scheiben schneiden. Gemüse waschen, putzen und getrennt voneinander würfeln.

2 | Fisch kalt waschen und trockentupfen. In etwa 1 cm große Würfel schneiden und in einem Schälchen mit dem Zitronensaft mischen.

3 | Für die Nudeln reichlich Wasser zum Kochen bringen und salzen. Die Nudeln darin al dente kochen.

4 | Inzwischen Öl in einer Pfanne erhitzen. Die Fischwürfel darin rundherum gut anbraten und wieder aus der Pfanne nehmen. Rosmarin und Knoblauch im Fett anbraten, Zucchini und Paprika 2 Min. mitbraten. Tomaten und Wein untermischen, mit Salz und Pfeffer würzen und offen 2–3 Min. köcheln lassen. Fisch wieder untermischen und erwärmen. Nudeln abgießen, abtropfen lassen und mit dem Fisch mischen.

➤ Getränk: Weißwein

für Gäste | schnell

Spaghetti mit Limettensauce und Kaviar

FÜR 4 PERSONEN

- 1 Limette
- 4 Stängel Basilikum
- 400 g Spaghetti
- Salz
- 100 ml Fischfond
- 150 g Mascarpone
- Pfeffer, frisch gemahlen
- 150 g Forellenkaviar

Zubereitung: 25 Min.
Pro Portion ca.: 590 kcal

1 | Die Limette heiß waschen und die Schale fein abreiben. Den Saft von einer Limettenhälfte auspressen. Basilikumblättchen abzupfen und in Streifen schneiden.

2 | Für die Nudeln reichlich Wasser zum Kochen bringen und salzen. Die Nudeln darin al dente kochen.

3 | Den Fischfond mit Mascarpone in einem Topf verrühren und erhitzen. Die Sauce leicht einkochen lassen. Limettenschale und 1–2 EL Limettensaft untermischen. Mit Salz und Pfeffer würzen.

4 | Die Nudeln abgießen und abtropfen lassen. Mit der Limettensauce und dem Basilikum mischen und in Teller verteilen. Mit Kaviar garniert servieren.

➤ Getränk: Weißwein

im Bild hinten: **Spaghetti mit Rosmarinfisch** *im Bild vorne:* **Spaghetti mit Limettensauce und Kaviar** ➤

Mit Fleisch und Geflügel

Bei manchen Rezepten muss die Sauce ein bisschen schmoren, meist wird aber Fleisch und Geflügel fix gebraten und steht nach kurzer Zeit auf dem Tisch – vereint mit Spaghetti und immer wieder in einer anderen Geschmacksrichtung. Probieren Sie die Bolognese-Sauce mal mit Lammhack oder garen Sie das Hackfleisch mit Zitrone oder auf orientalische Art, braten Sie Hähnchen oder Kaninchenstreifen oder lassen Sie sich die Nudeln mit Kalbsleber schmecken.

Blitzrezepte

Spaghetti mit Zitronenhack

FÜR 4 PERSONEN

- **400 g Spaghetti | Salz | 1 unbehandelte Zitrone | 1 EL Olivenöl | 400 g gemischtes Hackfleisch | 2 Knoblauchzehen | 1 EL Tomatenmark | 100 ml Fleischbrühe | Pfeffer, frisch gemahlen**

1 | Für die Nudeln reichlich Wasser zum Kochen bringen und salzen. Die Nudeln darin al dente kochen.

2 | Inzwischen die Zitrone heiß waschen, Schale fein abreiben. Öl erhitzen, Hackfleisch krümelig braten. Den Knoblauch schälen und dazupressen. Zitronenschale, Tomatenmark und Brühe unterrühren, salzen und pfeffern. Die Nudeln abgießen, abtropfen lassen, mit der Sauce mischen.

Spaghetti mit Chilispeck

FÜR 4 PERSONEN

- **150 g Pancetta (ersatzweise durchwachsener Räucherspeck) | 2 rote Zwiebeln | 2 Knoblauchzehen 2 getrocknete Chilischoten | 500 g Spaghetti | Salz | 1 EL Olivenöl**

1 | Pancetta in feine Streifen schneiden. Zwiebeln schälen, vierteln und ebenfalls in Streifen schneiden. Knoblauch schälen und fein hacken, Chilischoten zerkrümeln. Nudeln in reichlich Salzwasser al dente kochen. Gleichzeitig den Speck im Öl bei mittlerer Hitze mit Zwiebeln, Knoblauch und Chilis etwa 5 Min. braten. Die Nudeln abgießen, abtropfen lassen, untermischen und salzen. Nach Belieben auch noch mit frischen Chilischoten garnieren.

gut vorzubereiten

Spaghetti mit Lamm-Ragù

FÜR 4 PERSONEN

- **1 Möhre**
- **1 Stange Sellerie**
- **1 Zwiebel**
- **2 Knoblauchzehen**
- **1/4 Bund Thymian**
- **2 EL Olivenöl**
- **400 g Lammhackfleisch**
- **1 kleine Dose geschälte Tomaten (400 g Inhalt)**
- **1/8 l Rotwein (ersatzweise Fleischbrühe)**
- **Salz**
- **Pfeffer, frisch gemahlen**
- **400 g Spaghetti**

Zubereitung: 25 Min.
Garzeit: 1 Std.
Pro Portion ca.: 725 kcal

1 | Möhre, Sellerie, Zwiebel und Knoblauch schälen oder waschen und putzen, sehr klein würfeln. Thymian waschen, trockenschütteln und die Blättchen abzupfen.

2 | Öl erhitzen, Zwiebel, Knoblauch, Möhre und den Sellerie darin andünsten. Thymian mit dem Hackfleisch dazugeben, bei mittlerer Hitze braten, bis das Fleisch krümelig ist. Tomaten klein schneiden, mit Wein zugeben. Salzen und pfeffern, offen 1 Std. bei schwacher Hitze schmoren lassen.

3 | Für die Nudeln reichlich Wasser zum Kochen bringen und salzen. Die Nudeln darin al dente kochen.

4 | Die Nudeln abgießen, abtropfen lassen und in vorgewärmte Teller verteilen. Mit Ragù bedeckt servieren.

- Dazu passt: frisch geriebener Parmesan
- Getränk: Rotwein

würzig | für Gäste

Spaghetti Orient

FÜR 4 PERSONEN

- **2 Knoblauchzehen**
- **1/2 Bund Koriander**
- **250 g Joghurt | Salz**
- **1 Zwiebel | 2 EL Olivenöl**
- **300 g Rinderhackfleisch**
- **1 Prise Zimtpulver**
- **1/2 EL edelsüßes Paprikapulver**
- **je 1 TL rosenscharfes Paprikapulver und gemahlener Kreuzkümmel**
- **400 g Spaghetti**

Zubereitung: 30 Min.
Pro Portion ca.: 720 kcal

1 | Knoblauch schälen und durch die Presse drücken. Koriander waschen, trockenschütteln und fein hacken. Mit Joghurt zum Knoblauch geben und salzen.

2 | Zwiebel schälen und fein hacken, im Öl andünsten. Hackfleisch dazugeben und bei mittlerer Hitze braten, bis es schön krümelig ist. Mit Zimt, Paprika, Kreuzkümmel und Salz würzen und offen etwa 10 Min. köcheln lassen.

3 | Für die Nudeln reichlich Wasser zum Kochen bringen und salzen. Die Nudeln darin al dente kochen.

4 | Nudeln abgießen, abtropfen lassen. Mit dem Hacksugo mischen, in Teller verteilen. Je 1 Klecks Joghurt darauf geben.

- Dazu passen: Gurken- und Tomatenscheiben

im Bild hinten: **Spaghetti Orient** *im Bild vorne:* **Spaghetti mit Lamm-Ragù** ➤

würzig | gelingt leicht

Spaghetti mit Kalbsleber

FÜR 4 PERSONEN

- 300 g Kalbsleber
  100 g Egerlinge
  4 Zweige Thymian
  3 Tomaten
  1 Zwiebel
  2 Knoblauchzehen
  400 g Spaghetti | Salz
  2 EL Butter
  1/8 l Kalbsfond
  1 EL Crème fraîche
  Pfeffer, frisch gemahlen

Zubereitung: 30 Min.
- Pro Portion ca.: 520 kcal

1 | Die Leber waschen, abtrocknen und klein würfeln. Die Egerlinge putzen und in dünne Scheiben schneiden. Thymian waschen, trockenschütteln und die Blättchen abstreifen. Tomaten waschen oder häuten und sehr fein würfeln. Zwiebel und Knoblauch schälen und hacken.

2 | Für die Nudeln reichlich Wasser zum Kochen bringen und salzen. Die Nudeln darin al dente kochen.

3 | Butter erhitzen, Pilze darin leicht braun braten. Zwiebel, Knoblauch und Thymian kurz mitbraten. Leberwürfel dazugeben, Tomaten und Fond untermischen und alles bei mittlerer Hitze offen etwa 8 Min. köcheln lassen.

4 | Crème fraîche unter die Sauce mischen, mit Salz und Pfeffer abschmecken. Nudeln abgießen, abtropfen lassen, mit der Sauce mischen.

- Dazu passt: frisch geriebener Parmesan
- Getränk: leichter Rotwein

für Gäste | schnell

Spaghetti mit Kalbsstreifen

FÜR 4 PERSONEN

- 150 g Romana-Salat
  300 g Kalbsfilet
  1/2 rote Paprikaschote
  2 Knoblauchzehen
  1/2 Bund Petersilie
  500 g Spaghetti | Salz
  2 EL Pinienkerne
  3 EL Olivenöl
  Pfeffer, frisch gemahlen
  2 Frühlingszwiebeln

Zubereitung: 35 Min.
- Pro Portion ca.: 640 kcal

1 | Salatblätter waschen, trockenschleudern, in feine Streifen schneiden. Kalbsfilet auch in Streifen schneiden. Paprika waschen, putzen und fein würfeln. Knoblauch schälen und in feine Scheiben schneiden. Petersilie waschen, trockenschütteln, fein hacken.

2 | Für die Nudeln reichlich Wasser zum Kochen bringen und salzen. Die Nudeln darin al dente kochen.

3 | Die Pinienkerne in 1 EL Öl in einer Pfanne anrösten, herausnehmen. Fleisch im übrigen Öl bei starker Hitze gut anbraten, herausnehmen. Knoblauch und Paprika im Fett 2 Min. braten. Die Salatstreifen dazugeben und zusammenfallen lassen. Fleisch mit Petersilie untermischen, salzen und pfeffern.

4 | Zwiebeln waschen, putzen und fein schneiden. Nudeln abgießen, abtropfen lassen, mit dem Fleisch mischen und mit Zwiebeln und Pinienkernen bestreut servieren.

im Bild hinten: **Spaghetti mit Kalbsstreifen** *im Bild vorne:* **Spaghetti mit Kalbsleber**

scharf | gelingt leicht

Spaghetti mit Wurstsugo

FÜR 4 PERSONEN

- 3 zarte Stangen Sellerie
- 300 g Tomaten
- 1 Zwiebel
- 2 Knoblauchzehen
- 2 Zweige Rosmarin
- 3 frische Salsicce (etwa 350 g, ersatzweise rohe Bratwürste)
- 3 getrocknete Chilischoten
- 2 EL Olivenöl
- 3 TL Tomatenmark
- Salz
- 400 g Spaghetti
- 1/4 Bund Petersilie

Zubereitung: 35 Min.
➤ Pro Portion ca.: 690 kcal

1 | Den Sellerie waschen, putzen und klein würfeln. Die Tomaten waschen und ebenfalls klein schneiden. Zwiebel und Knoblauch schälen, fein hacken. Rosmarin waschen, trockenschütteln, hacken.

2 | Die Wurstmasse aus den Häuten drücken und zerkrümeln. Die Chilischoten fein zerstoßen.

3 | Zwiebel mit Knoblauch, Rosmarin, Chilis und Sellerie im Öl andünsten. Wurst dazugeben und unter Rühren gut anbraten. Tomaten und Tomatenmark untermischen, salzen und zugedeckt bei schwacher Hitze etwa 20 Min. schmoren lassen.

4 | Für die Nudeln reichlich Wasser zum Kochen bringen und salzen. Die Nudeln darin al dente kochen.

5 | Petersilie waschen, trockenschütteln, hacken. Nudeln abgießen und abtropfen lassen. Mit Wurstsugo mischen und mit Petersilie bestreuen.

➤ Getränk: trockener Rotwein

preiswert | für Gäste

Spaghetti mit Fleischbällchen

FÜR 4 PERSONEN

- 1/2 Bund Petersilie
- 2 Knoblauchzehen
- 2 Frühlingszwiebeln
- 300 g gemischtes Hackfleisch
- Salz | Chilipulver
- 400 g Spaghetti
- 2 EL Olivenöl
- 100 ml Fleischbrühe
- 100 g Sahne
- 1 geh. EL Tomatenmark

Zubereitung: 30 Min.
➤ Pro Portion ca.: 695 kcal

1 | Die Petersilie waschen, trockenschütteln, fein hacken. Knoblauch schälen, pressen. Frühlingszwiebeln waschen und putzen, Grün beiseite legen. Rest fein schneiden und mit etwa der Hälfte der Petersilie, Knoblauch, Hack, Salz und Chili verkneten, zu kleinen Bällchen formen.

2 | Für die Nudeln reichlich Wasser zum Kochen bringen und salzen. Die Nudeln darin al dente kochen.

3 | Öl erhitzen, die Bällchen darin anbraten. Brühe mit Sahne und Mark verrühren, angießen und offen bei mittlerer Hitze 5 Min. köcheln lassen. Zwiebelgrün in Ringe schneiden. Nudeln abgießen, abtropfen lassen, mit Sauce mischen. Mit Zwiebelgrün und Petersilienrest bestreuen.

➤ Getränk: Rotwein

im Bild hinten: **Spaghetti mit Fleischbällchen** *im Bild vorne:* **Spaghetti mit Wurstsugo** ➤

für Gäste | gelingt leicht

Spaghetti mit Ente und Ofengemüse

FÜR 4 PERSONEN

➤ **1 kleine gelbe Paprikaschote**
150 g kleine Champignons
200 g Cocktailtomaten
1/2 Bund Basilikum
2 Knoblauchzehen
4 EL Olivenöl
2 EL Parmesan, frisch gerieben | Salz
Pfeffer, frisch gemahlen
400 g Spaghetti
1 Entenbrust (etwa 350 g)

Zubereitung: 45 Min.
➤ Pro Portion ca.: 665 kcal

1 | Den Backofen auf 220° (Umluft 200°) vorheizen. Paprika waschen, putzen und 1 cm groß würfeln. Champignons putzen, die Tomaten waschen, beides halbieren. In eine feuerfeste Form geben.

2 | Basilikum fein schneiden. Knoblauch schälen, pressen. Beides mit 3 EL Öl und Käse verrühren, salzen, pfeffern und über dem Gemüse verteilen. Das Gemüse im Ofen (Mitte) etwa 15 Min. backen.

3 | Für die Nudeln reichlich Wasser zum Kochen bringen und salzen. Die Nudeln darin al dente kochen.

4 | Entenbrust von der Fettschicht befreien, in Streifen schneiden. Im restlichen Öl bei starker Hitze 2 Min. braten, salzen und pfeffern. Nudeln abgießen, abtropfen lassen, mit dem Gemüse und den Entenstreifen mischen.

➤ Getränk: leichter Rotwein

würzig | für Gäste

Spaghetti mit Safranhuhn

FÜR 4 PERSONEN

➤ **1 Döschen Safranfäden (0,1 g)**
1 zarte Möhre
1 junger Zucchino
1 dünne Stange Lauch
300 g Hähnchenbrustfilet
1 EL Butter
1/8 l trockener Weißwein (ersatzweise Hühnerbrühe)
Salz
Pfeffer, frisch gemahlen
400 g Spaghetti
100 g Cocktailtomaten
1 EL Basilikumblättchen

Zubereitung: 35 Min.
➤ Pro Portion ca.: 530 kcal

1 | Den Safran in 50 ml lauwarmes Wasser rühren und stehen lassen. Möhre, Zucchino und Lauch schälen oder waschen und putzen. Das Gemüse in feine Stifte oder Streifen schneiden. Das Hühnerfleisch klein würfeln.

2 | Butter zerlassen, das Gemüse anbraten, Hühnerwürfel kurz mitbraten. Mit dem Wein ablöschen, Safranwasser unterrühren. Alles salzen, pfeffern und bei schwacher Hitze offen etwa 10 Min. köcheln lassen.

3 | Für die Nudeln reichlich Wasser zum Kochen bringen und salzen. Die Nudeln darin al dente kochen.

4 | Tomaten waschen und vierteln, unter das Safranhuhn mischen. Nudeln abgießen, abtropfen lassen, mit der Sauce mischen und mit Basilikum bestreuen.

im Bild hinten: Spaghetti mit Safranhuhn *im Bild vorne:* Spaghetti mit Ente und Ofengemüse ➤

gelingt leicht | für Gäste

Spaghetti mit Salbeihähnchen

FÜR 4 PERSONEN

➤ **3 Frühlingszwiebeln**
3 Knoblauchzehen
2 Stängel Salbei
400 g Hähnchenbrustfilet
400 g Spaghetti
Salz
2 EL Olivenöl
Pfeffer, frisch gemahlen
1 Prise Chilipulver
50 ml trockener Sherry (ersatzweise Hühnerbrühe)
125 g Sahne
1 knapper EL Tomatenmark

Zubereitung: 25 Min.
➤ Pro Portion ca.: 635 kcal

1 | Die Frühlingszwiebeln waschen und putzen. Das knackige Grün beiseite legen, das Weiße in feine Ringe schneiden. Den Knoblauch schälen und fein hacken oder durch die Presse drücken. Den Salbei waschen, trockenschütteln und fein hacken. Das Hähnchenbrustfilet in kleine Würfel schneiden.

2 | Für die Nudeln reichlich Wasser zum Kochen bringen und salzen. Die Nudeln darin al dente kochen.

3 | Gleichzeitig Hähnchenfleisch im Öl anbraten. Zwiebelringe, Knoblauch und Salbei kurz mitbraten. Mit Salz, Pfeffer und Chili würzen. Sherry und Sahne aufgießen, Mark unterrühren. Sugo offen bei mittlerer Hitze etwa 5 Min. köcheln lassen.

4 | Das Zwiebelgrün in feine Ringe schneiden. Die Nudeln abgießen, abtropfen lassen, mit dem Sugo mischen, in vorgewärmte Teller verteilen. Mit Zwiebelgrün bestreuen.

schnell | mediterran

Spaghetti mit Kaninchen

FÜR 4 PERSONEN

➤ **400 g Kaninchenrückenfilet**
2 Zweige Rosmarin
8 Zweige Thymian
2 Knoblauchzehen
1 Stück unbehandelte Zitronenschale
200 g Cocktailtomaten
2 EL Olivenöl
1/8 l trockener Weißwein (ersatzweise Hühnerbrühe) | Salz
Pfeffer, frisch gemahlen
400 g Spaghetti
1 EL Basilikumblättchen

Zubereitung: 25 Min.
➤ Pro Portion ca.: 590 kcal

1 | Für die Nudeln reichlich Wasser zum Kochen bringen und salzen. Die Nudeln darin al dente kochen.

2 | Gleichzeitig Kaninchenfleisch in feine Streifen schneiden. Rosmarin und Thymian waschen, trockenschütteln, abzupfen. Den Knoblauch schälen und in Scheiben schneiden, Zitronenschale hacken. Tomaten waschen und halbieren. Kaninchen mit vorbereiteten Kräutern und Zitronenschale im Öl anbraten. Knoblauch kurz mitbraten, Wein mit Tomaten untermischen. Salzen, pfeffern, bei mittlerer Hitze etwa 5 Min. garen.

3 | Die Nudeln abgießen und abtropfen lassen. Mit der Sauce mischen und mit Basilikum bestreut servieren.

im Bild hinten: **Spaghetti mit Kaninchen** *im Bild vorne:* **Spaghetti mit Salbeihähnchen** ➤

Zum Gebrauch

Damit Sie Rezepte mit bestimmten Zutaten noch schneller finden können, stehen in diesem Register zusätzlich auch beliebte Zutaten wie **Frühlingszwiebeln** oder **Salbei** – ebenfalls alphabetisch geordnet und **hervor gehoben** gedruckt – über den entsprechenden Rezepten.

A/B/C

E/F

G/H

K

L/M

O/P/R

S

Die Autorin

Cornelia Schinharl hat ihre Liebe zum Essen und Trinken zum Beruf gemacht. Seit vielen Jahren bringt sie ihren Erfahrungsschatz als freie Food-Journalistin und Kochbuchautorin zu Papier und hat dafür schon mehrere Auszeichnungen bekommen, unter anderem drei Silbermedaillen der Gastronomischen Akademie. Ihr besonderes Interesse gilt den Küchen fremder Länder, allen voran Italien.

Der Fotograf

Kai Mewes ist selbständiger Food-Fotograf in München und arbeitet für Verlage und Werbung. Die stimmungsvollen Bilder sind Ausdruck seiner Hingabe, digitale Fotografie, Styling und kulinarischen Genuss zu vereinen. Akos Neuberger war für das Foodstyling in diesem Buch zuständig.

Bildnachweis

Titelbild: Jörn Rynio, Hamburg
Alle anderen: Kai Mewes, München

Titelbildrezept: Spaghetti mit roher Gemüsesauce (Seite 14)

Gedruckt auf Multiart matt 130 g/qm holzfrei mattgestrichen Bilderdruck, made by StoraEnso, geliefert von der Papier Union.

Programmleitung: Doris Birk
Redaktionsleitung: Birgit Rademacker
Redaktion: Stefanie Poziombka
Lektorat, Satz, Herstellung: Redaktionsbüro Christina Kempe, München
Umschlaggestaltung: Independent Medien Design, München
Herstellung: Martina Müller
Reproduktion: Repro Ludwig, Zell am See
Druck: Appl, Wemding
Bindung: Sellier, Freising

ISBN 3-7742-6893-2

Auflage	5.	4.	3.	2.	1.
Jahr	2009	08	07	06	05

GRÄFE UND UNZER

Ein Unternehmen der
GANSKE VERLAGSGRUPPE

Das Original mit Garantie

Ihre Meinung ist uns wichtig. Deshalb möchten wir Ihre Kritik, gerne aber auch Ihr Lob erfahren. Um als führender Ratgeberverlag für Sie noch besser zu werden. Darum: Schreiben Sie uns! Wir freuen uns auf Ihre Post und wünschen Ihnen viel Spaß mit Ihrem GU-Ratgeber.

Unsere Garantie: Sollte ein GU-Ratgeber einmal einen Fehler enthalten, schicken Sie uns das Buch mit einem kleinen Hinweis und der Quittung innerhalb von sechs Monaten nach dem Kauf zurück. Wir tauschen Ihnen den GU-Ratgeber gegen einen anderen zum gleichen oder ähnlichen Thema um.

GRÄFE UND UNZER VERLAG
Redaktion
Kochen & Verwöhnen
Postfach 86 03 25
81630 München
Fax: 089/41981-113
e-mail: leserservice@graefe-und-unzer.de

GU KÜCHENRATGEBER

Neue Rezepte für den großen Kochspaß

ISBN 3-7742-4899-0

ISBN 3-7742-5762-0

ISBN 3-7742-6888-6

ISBN 3-7742-6887-8

ISBN 3-7742-6896-7

ISBN 3-7742-5726-4

64 Seiten, 7,50 € [D]

Das macht die GU Küchenratgeber zu etwas Besonderem:

- *Rezepte mit maximal 10 Hauptzutaten*
- *Blitzrezepte in jedem Kapitel*
- *alle Rezepte getestet*
- *Geling-Garantie durch die 10 GU-Erfolgstipps*

G|U

Willkommen im Leben.

NUDELN KAUFEN

- Greifen Sie nicht unbedingt zu den billigsten Nudelsorten, sie schmecken oft nicht so gut.
- Probieren Sie Nudeln von verschiedenen Herstellern aus und finden Sie so Ihre Lieblingssorte.
- Achten Sie immer auf das Mindesthaltbarkeitsdatum, denn wenn dieses abgelaufen ist, können die Nudeln leicht muffig schmecken.

Geling-Garantie für Spaghettirezepte

NUDELN AUS DEM VORRAT

- Wer immer ein paar Nudeln im Vorrat hat, kann auch ganz spontan Pasta kochen.
- Das sollten Sie außerdem vorrätig haben: Tomaten in der Dose oder aus dem Gefrierschrank, diverse getrocknete Kräuter, Sardellen in Öl, Tunfisch aus der Dose, Hartkäse, Zwiebeln, Knoblauch, Wurzelgemüse.

SAUCEN RECHTZEITIG KOCHEN

- Ist die Sauce schon fertig, die Nudeln aber noch nicht, ist das kein Problem. Umgekehrt schon, weil die Nudeln dann nachgaren und zu weich werden.
- Wird die Sauce beim Warten zu dickflüssig, einfach mit warmem Nudelkochwasser wieder auf die gewünschte Konsistenz verdünnen.

HACKFLEISCH ZUBEREITEN

- Hackfleisch verdirbt rasch, also immer ganz frisch kaufen und möglichst rasch garen.
- Wenn Sie es einmal nicht am gleichen Tag zubereiten können: das Fleisch in jedem Fall krümelig anbraten und am nächsten Tag mit der Sauce fertig stellen.